Guido Schröter

Scheiss Fussball

– Eine Liebeserklärung

Lappan

Guido Schröter,
geboren in Hamburg. Dort aufgewachsen, zur Schule gegangen und Abitur gemacht. Zeichnet seit seinem 10. Lebensjahr Comics.
Ende der Achtziger erster Besuch „am Millerntor" und Beginn einer großen Leidenschaft: Die PAULI COMIX entstehen.
Ab Mitte der Neunziger kommen Comics über die Bundesliga und Nationalmannschaft dazu. Nebenbei fand er noch Zeit Betriebswirtschaft und Steuerlehre zu studieren.
Guido Schröters Comics sind seit 2005 samstags im Sportteil der Süddeutschen Zeitung zu sehen.
www.guidoschroeter.de
www.scheissfussball.de

www.lappan.de, E-Mail: info@lappan.de
Reproduktionen:
litho niemann + m.steggemann gmbh, Oldenburg
Gesamtherstellung:
Proost International Book Productions, Turnhout
Printed in Belgium
ISBN 10: 3-8303-3130-4
ISBN 13: 978-3-8303-3130-8

SCHEISS-FUSSBALL-WM
ARD: FUSSBALL!
DRITTES: FUSSBALL!
ZDF: FUSSBALL!
RTL: FUSSBALL!
DRÜCK DRÜCK
SAT 1?
SAT 1: FUSSBALL!
PRO SIEBEN: FUSSBALL!
SOGAR AUF VOX UND KABEL 1: FUSSBALL-REPORTAGEN!
KLICK DRÜCK
TATSÄCHLICH...
WIR BRAUCHEN MEHR FERNSEHER!
RICHTIG!
©SCHRÖTER
01/06

DIE MAUER
IN DEN HOSEN.
HOFFENTLICH KRIEGST DU IHN IN DIE EIER! UND NICHT ICH!
!
HOFFENTLICH KRIEGST DU IHN IN DIE EIER! UND NICHT ICH!
!
HOFFENTLICH KRIEGST DU IHN IN DIE EIER! UND NICHT ICH!
!

ÄH...
14/05
SCHEIIIIIISSE!
©SCHRÖTER
ROBERTO CARLOS LÄUFT AN!!
AAUUUUU... VOLL IN DIE MAUER!

...REISTE DIE NATIONAL-MANNSCHAFT ERNEUT INS TRAININGS-LAGER AB...
OB DER KLINSMANN WIEDER SO'NE MOTIVATIONS-CD AN DIE SPIELER VERTEILT HAT?!
WEISSNICH! ICH HAB MAL SO'N MOTIVATIONS-BUCH VON MARIE-LUISE MARJAN GELESEN...
DANACH KONNTE ICH VIER WOCHEN LANG NICHT SO RICHTIG AUF KLO...
POP CORN

VOLL VERMOTIVIERT!
HE, KEVIN! WOLLEN WIR UNS NACHER ZUSAMMEN DIE MOTIVATIONS-CD VOM BUNDESTRAINER ANGUCKEN?
OKAY! IRGENDWANN MÜSSEN WIR JA SOWIESO.
HALLÖLE, HIER SPRICHT EUER BUNDESCHDRÄNER! BLA BLA BLA BLA! UND JETZT GEHT'SCH LOS! IHR SEID VOLLER SELBSTVERTRAUEN!
ICH BIN VOLL MIT SELBSTVERTRAUEN!
JA!
IHR WERDET JEDEN TAG BESSER!
WIR WERDEN JE-DEN TAG BESSER!
JA!

IHR KÖNNT JEDEN SCHLAGEN!!!
WIR KÖNNEN JEDEN SCHLAGEN!
JA!!!
IHR KOMMT INS WM-FINALE!
WIR KOMMEN INS FINALE!!
JAA!
JA
JA
JA
JA
UND IHR WERDET WELTMEISTER!!
WIR WERDEN WELTMEISTER!
JAAAAH!
JA
DAS WAR'S! ENDE!
JA
JA
JA
JA
JA
JA
JA
18/05
KLICK
LASS MAL KERNER GUCKEN!!
JAAAA!
©SCHRÖTER

SCHIZOPHRENIE ODER DIE SPÄTE RACHE DES OLLI K.
ICH GLAUBE, ICH BIN SCHIZOPHREN...
9
RONALDO
MEIN EINES ICH WILL DEN BALL ÜBER OLLI KAHN IN DEN WINKEL SCHLENZEN...
GRRRRRR
RR
UND MEIN ANDERES ICH SCHIEBT IHM DANN DEN BALL GENAU IN DIE ARME...
TICK!
ROOOOOOAR

VIELLEICHT WAR'S ABER AUCH EINFACH NUR ANGST!
KAHNOPHOBIE!
NALDO
GRRRRRRRRRRR
©SCHRÖTER

DER VERZAUBERTE TORSCHÜTZENKÖNIG
1
DIE TREFFEN NIX! NICHT MAL IM TRAINING...
TACH, JÜRGEN!
HALLO...
DER SPRICHT?
ALLES FLASCHEN!
©SCHRÖTER

MITTAGSRUHE
VOR DEM SPIEL.
KLINSI: SEX VOR SPIEL GUT!
MANGA
BEI WÖRNS UND JANSEN IM ZIMMER. LANGWEILIG.
KLINSI: SEX VOR DEM SPIEL GUT!
MANGA
HEY, MARCELL! DU BIST JA NOCH RECHT JUNG! UND NOCH NICHT SO LANGE DABEI...
MANGA
WAS HÄLTST DU EIGENTLICH VON SEX VOR DEM SPIEL?!
MANGA

38/05
MANGA
OCH, NÖÖÖÖ, WÖRNSI...
LIEBER NICH...
©SCHRÖTER

DER VERZAUBERTE TORSCHÜTZENKÖNIG – 2
UND WIESO KANNST DU REDEN? DU BIST DOCH EIN FROSCH!
ICH BIN EIN VERZAUBERTER
WAS?! DU BIST EIN VER-ZAUBERTER KÖNIGSSOHN?!!
WAHNSINN
SO EIN QUATSCH!! JÜRGEN! SOWAS GIBT ES DOCH GAR NICHT!
ICH BIN EIN VERZAUBERTER TORSCHÜTZEN-KÖNIG!
©SCHRÖTER

LOVE STORY
GESTERN IRGENDWO IN DEUTSCHLAND.
SCHATZ, ICH LIEBE DICH SO SEHR!
UND DESHALB MÖCHTE ICH DIESES JAHR NUR JEDES ZWEITE WM-SPIEL GUCKEN!
ABER DU WEISST, DASS HEUTE ABEND ARGENTINIEN GEGEN ENGLAND LIVE ÜBERTRAGEN WIRD?!
DU MÖCHTEST DAS LEICHT MODIFIZIEREN, NICHT WAHR?!
HMMMHMMM

DU MÖCHTEST LIEBER AUCH JEDES ERSTE WM-SPIEL GUCKEN, NICHT WAHR?
KLICK
SCHATZ, ICH LIEBE DICH SO SEHR!!
01/04
©SCHRÖTER

DER VERZAUBERTE TORSCHÜTZENKÖNIG 3
JAWOHL, JÜRGEN! ICH BIN EIN VERZAUBERTER TORSCHÜTZENKÖNIG!
AUSGEPRÄGTER TORRIECHER!
ENORME ANTRITTS-SCHNELLIGKEIT!
KOPFBALLSTARK!
TAKTISCH GESCHULT!
FORMIDABLES STELLUNGSSPIEL!
ABLÖSEFREI!
ABLÖSEFREI?
ABLÖSEFREI, BIS AUF EINEN KUSS!
©SCHRÖTER

ENDLICH WIEDER
ECHTE LÄNDERSPIELE!
NICHT MEHR DIESES ELENDE FREUNDSCHAFTS-SPIEL-GEDADDEL...
KRACH!
KNUMPF
BRATZ

DER VERZAUBERTE TORSCHÜTZENKÖNIG – 4

LOGIK
TOOOOOOR! FÜR DIE FALSCHEN!!
WAAAAH! NEIIIIIN!!
DAS WAR DOCH...
UND IN DER ZEITLUPE SIEHT MAN DIE KLARE ABSEITS-POSITION! FEHLENTSCHEIDUNG!
ABSEITS!! DU DU SCHIRI-ARRGL!
DU...DU....DU AAAAARRGH!
WERF!
KLIRR
DEPPER
SCHSCHSCH
MMMMM
PLOPP!
OH!
WAS IST HIER LOS?! WIESO STECKT DIE FERNBEDIENUNG IM FERNSEHER?!!
ÄÄÄÄH...

AUSSERIRDISCHE SIND IN MEINEN KOPF EINGEDRUNGEN UND HABEN GEMACHT, DASS ICH DIE FERNBEDIENUNG IN DEN FERNSEHER WERFE...
DAS IST DOCH LÄCHERLICH!
ICH WEISS!
ANDERERSEITS:
DA IST DER FERNSEHER UND DA STECKT DIE FERNBEDIENUNG...
©SCHRÖTER

DER VERZAUBERTE TORSCHÜTZENKÖNIG 5
WARZEN! WARZEN! WARZEN! ICH KANN'S NICHT MEHR HÖR'N!
LEB ICH IN NEM TÜMPEL, ODER WAS!?!
DA! LIES!
ICH BIN ABSOLUT WARZENFREI!
„STIFTUNG WARZENTEST"?
©SCHRÖTER

O KÄPT'N!
PER E-MAIL KANN MAN EBEN DOCH NICHT ALLE THEMEN BESPRECHEN...
HE, MICHAEL! O BALLA! MEIN KÄPT'N! KOMM MAL HER!
ES IST ZEIT, DASS WIR MAL ÜBER DEN RAND DES FUSSBALLTELLERS HINAUSBLICKEN!
WA?
NICHT NUR, DASS IHR ÄLTEREN UND ERFAHRENEN SPIELER DIE JÜNGEREN FÜHREN UND LEITEN SOLLTET,
SO SEID IHR AUCH GROSSE VORBILDER FÜR DIE JUGEND IM GANZEN LAND!
WICHTIG IST DOCH, DASS UNSEREN KINDERN HEUTE WIEDER POSITIVE WERTE VERMITTELT WERDEN...

EHRLICHKEIT, RESPEKT, INTEGRITÄT, TOLERANZ, GEDULD, LIEBE ...
46/04
ALLES KLAR! MEINE FRAU UND ICH HABEN SOWIESO BESCHLOSSEN, UNSERE KINDER BEIDFÜSSIG ZU ERZIEHEN!
DAS IST GUT.
DAS IST GUT.
©SCHRÖTER

DER VERZAUBERTE TORSCHÜTZENKÖNIG 6
DU WILLST ALSO, DASS ICH DICH KÜSSE ...
NA, GUT!
MEINST DU ES AUCH WIRKLICH ERNST?
DAS MIT UNS?
©SCHRÖTER

FREUNDLICHE PROFI-FANS
HALBZEIT! MÄNNERKLO! UNTERM BLOCK VIER...
DER HAT DOCH SCHON GELB!!
DAS WAR DOCH NIIIIIIE GELB!!
BUB IS DOOF
PLITSCH
PLATSCH
DU BLINDER! DU KANNST JA GAR NIX!!
HEEEE! WAS HAST DU DENN DA GESEHEN?!?
STRULL
KLÖTER
WAAAAAAS?!! DU PFEIFST JA JEDEN SCHEISS!
ABSEITS! AAAPSEIIIIZ, RAAAH! DU BLINZE!
DU PENNER! SAU! BLINDER!
GEH DOCH NACH HAUSE!!
ARSCHGESICHT!!!!

DER VERZAUBERTE TORSCHÜTZENKÖNIG 7

TITAN, TITAN
NA, TIMO?!
MÖCHTEST DU AUCH MAL EIN TITAN WERDEN?
PATSCH
SO WIE ICH?!
TITAAAN, TITAAAN!
OHNE ABWEHR IS NIX MIT TITAAAN!!

DER VERZAUBERTE TORSCHÜTZENKÖNIG – 8

ERSTE ERFOLGE
AUCH VOM SONNIGEN KALIFORNIEN AUS KANN MAN PRÜFEN, OB DAS NEUE „SPEZIAL-TRAINING" SCHON NACH ZWEI WOCHEN ERSTE FRÜCHTE TRÄGT. UND DIE HANDY-RECHNUNG ZAHLT JA JETZT DER DFB...
MAL MEINEN KAPITÄN ANRUFEN...
TÜT TÜT TÜTTÜT
HALLO, MICHAEL?! HAST DU MAL DEN PODOLSKI IN KÖLN BESUCHT? UM DEN SOLLST DU DICH DOCH MAL KÜMMERN!
JA, CHEF! BIN GRAD BEI IHM!
LUKAS, DER TRAINER WILL WISSEN, OB DU SCHON VERBESSERUNGEN BEI DER REAKTIONSSCHNELLIGKEIT, BEWEGLICHKEIT UND ALLGEMEINEN FITNESS SPÜRST?!
JA! REAKTION! VOLL FETT!!
UND AGGRESSIVITÄT? RISIKO? OFFENSIVE?
JA! AGGRESSIVITÄT! TOTAL GEIL! SUPERCOOL

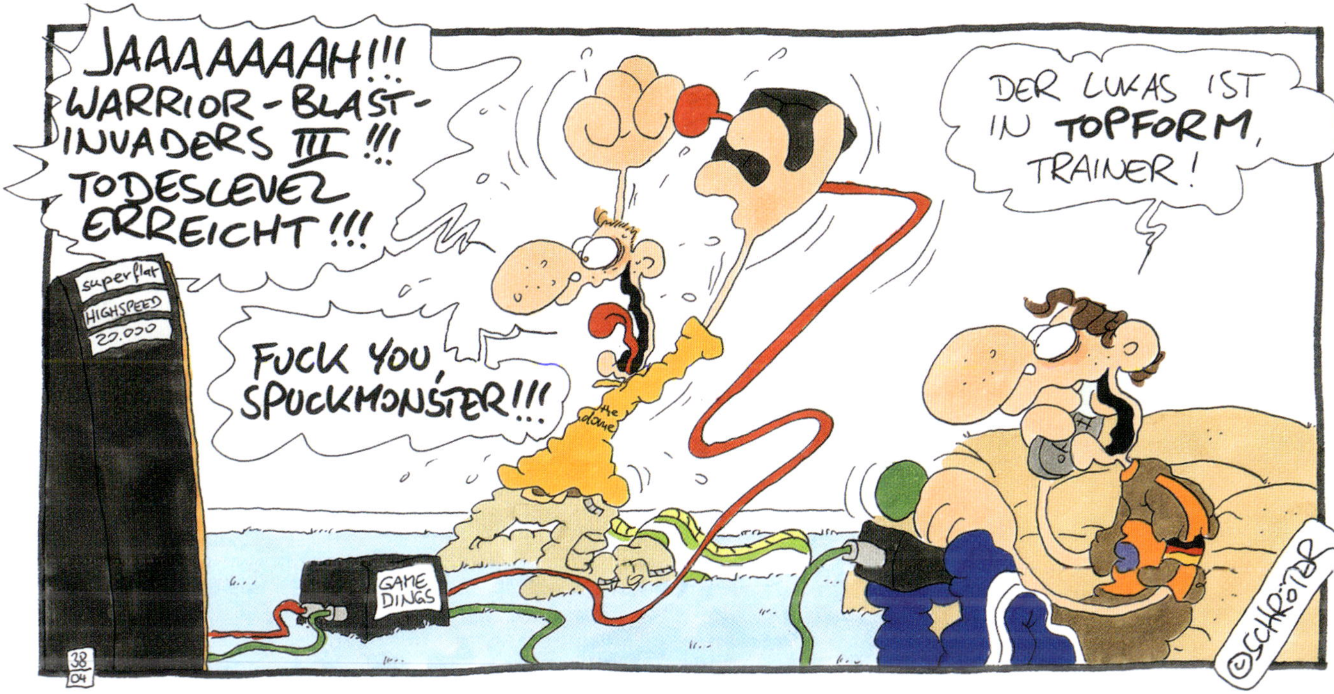
JAAAAAAAH!!! WARRIOR-BLAST-INVADERS III!!! TODESLEVEL ERREICHT!!!
superflat
HIGHSPEED
20.000
FUCK YOU, SPUCKMONSTER!!!
DER LUKAS IST IN **TOPFORM**, TRAINER!
GAME DINGS
38/04
©SCHRÖTER

DER VERZAUBERTE TORSCHÜTZENKÖNIG – 9
SCHULDIGUNG! ICH BIN GANZ NERVÖS!
ICH DOCH AUCH!
©SCHRÖTER

ENTSCHEIDUNG
PROLOG
WIE IMMER, WENN ES ENG WIRD FÜR DEUTSCHLAND, WIRD KAISER FRANZ UM RAT GEFRAGT...
ABER FÜR EIN POLITISCHES AMT STEHE ICH NATÜRLICH NICHT ZUR VERFÜGUNG.
DAS WAR DOCH EINE RIESENSCHLAMPEREI, WESTERWELLE!
IHR WÄRT JETZ NICH IN DER OPPOSITION, WENN IHR UNS WE-
NIGSTENS SO VIELE STIMMEN GEKLAUT HÄTTET, DASS ES FÜR SCHWARZGELB REICHT, DU ARSCH!
SO! UND JETZT HILF MIR MAL! MEINE BESCHISSENE STRUMPFHOSE IST TOTAL VERRUTSCHT!
SO EIN KACK!
VERFICKT NOCHMAL!
ANDERS HERUM, DU DEPP!
UND JETZT ZU DIR, STOIBER! DU ALTE WICHSFRITTE!
DU UND DIESER BECKENBAUER! WAS HABT IHR ZWEI PISSER EUCH DABEI GEDACHT?!
DER SCHRÖDER ... ÄÄH UND DER MÜNTE ... ÄH DIE WOLLTEN DOCH ÄÄH ... SO GERN ...
ACH, SCHEISSE!!
CSU

UND SO, VOR DEM WM-FINALE, KAM ES NOCH EINMAL ZUM DUELL...
ALSO: DREI UNTEN, DREI OBEN, WER GEWINNT, IST WIEDER KANZLER!
SCHAUN MER MA
SO EIN FICK!
sponsored by zdf forschungsgruppe wahlen
42-05
©SCHRÖTER
EPILOG
ICH NEHME DIE WAHL AN...
GG

DER VERZAUBERTE TORSCHÜTZENKÖNIG (10)
SCHMATZ
?
?
NA, MIT ZUNGE!!
!
©SCHRÖTER

VIP-LOGE
NOCH EIN PICOLÖÖCHEN, HERR ZWANZIGER?
HER DAMIT!
HALLO, FRAU MERKEL, DARF ICH IHNEN MEINE GATTIN VORSTELLEN, MIT DER ICH MEINEN RUHESTAND VERBRINGEN WERDE...
NABEEEND...
TAG, HERR MV. DARF ICH IHNEN HERRN WESTERWELLE VORSTELLEN, MEINEN VIZE-KANZLER 2009...
HE, ANGIE, MAL GANZ IM ERNST! MIT DER SCHRAPNELLE VERBRING ICH GANZ BESTIMMT NICHT MEINEN RUHESTAND, HÄHÄHÄ!

TOUR DER QUALEN
MIT AUSDRÜCKLICHER GENEHMIGUNG DER TOUR-LEITUNG...
LÄÄÄÄNTZ!
WAAAARTE!
MEIN ARSCH TUT WEH!
MEINER AUCH!

ACH, GERD! DIESER SUPPENKASPER WIRD AUCH GANZ BESTIMMT NIE VIZE-KANZLER! HUÄ HUÄ HUÄ HÄH
HI HI HI
HI
GERD! DIESER BALLACK MACHT MICH GANZ WUSCHIG! DIESE GEILE SAU! HÄRF!
MÜNTE!
HE!
VORGEZOGENE WAHLEN, DU PENNER! DAS WAR JA WOHL VOLL FÜR'N ARSCH!! NORMAL WÄR DAS HIER ALLES MEINS!! ICH WÄR DER WELTMEISTER-KANZLER! ICH!
SCHULDIGUNG, CHEF! DA HAB ICH MICH WOHL VERTAN!
©SCHRÖTER

DURFTEN DIE NATIONALSPIELER DES FC BAYERN...
KONDITIONELLE RÜCKSTÄNDE UNTER PROFESSIONELLEN BEDINGUNGEN AUFHOLEN...
QUÄLT EUCH, IHR SÄUE!!
MEINER AUCH!
MEINER AUCH!
EINER AUCH!
MEINER AUCH!
HECH
HECH
HECH
HECH
HECH
HECH
HECH
22/05
©SCHRÖTER

FREMDARTIG
HERR BUNDESTRAINER, WAS HAT IHNEN DENN AN DEM SPIEL GEGEN HOLLAND GAR NICHT GEFALLEN?
PRESSE
NICHT GEFALLEN HAT MIR, DASS MICHAEL BALLACK WIE EIN FREMDKÖRPER IN DER MANNSCHAFT GEWIRKT HAT!
FREMD
DAS ERSTAUNT MICH! ER HAT DOCH GUT GESPIELT!
PRESSE
ER HAT DOCH SOGAR GANZ UNNACHAHMLICH DEN ANSCHLUSSTREFFER GEKÖPFT!
POCK
4

DER VERZAUBERTE TORSCHÜTZENKÖNIG — 11

DAS WAR DOCH KEIN FOUL!!
ANDAUERND LÄSST DER SICH FALLEN!!
WAS FÜR EIN WEICHEI!!
WICHSFRITTE!!
BEIM WASSERBALL WÄR DER SCHON LANGE ERTRUNKEN!!

GEFOULT
HERR JAROLIM, HERZLICHEN GLÜCKWUNSCH! SEIT WOCHEN IN TOP-FORM! JETZT WM! TSCHECHIEN WIRD WELTMEISTER!
DANKE!
NUN, SIE WERDEN VON ALLEN SPIELERN AM HÄUFIGSTEN GEFOULT...
JA!
HE, SUPER SPIEL VON DIR, DAVID!
TICK
AAAA AAUUAAH!!
UPS
SCHWUPP

NUN, ALS MEISTGEFOULTER SPIELER.... ÄH... SIE STEHEN AUF DEM MIKRO-KABEL...
AAAUAAAH!
SIE HABEN MIT DEM KABEL MEIN BEIN GESTREIFT!
SIE SCHWEIN!
SO, SIE ERLEIDEN ALSO DIE MEISTEN FOULS VON ALLEN.... OH... ÄH... WIR GEBEN ZURÜCK.
VIELEN DANK.
AAAAAAUAAAAAAAA
VIELEN DANK FÜR DAS GESPRÄCH, HERR JAROLIM.
FUSSBALL IST EIN SO BRUTALES GESCHÄFT...
44/05
©SCHRÖTER

STANDARDS
DEISLER! WÖRNS! KOMMT MAL HER! WIR ÜBEN JETZT MAL FREISTÖSSE!
GEIL! FREISTÖSSE KANN ICH!
WÖRNS FÄNGT AN!
TRET
UND?!
FREISTOSS!! WEIL: DAS FOUL WAR AUSSERHALB DES STRAFRAUMS!
RICHTIG! FREISTOSS! SEHR GUT, WÖRNS! UND JETZT ÜBST DU MIT SCHNEIDER ECKBÄLLE!
JEPP!
PAFF
AUUUU

DER VERZAUBERTE TORSCHÜTZENKÖNIG – 12

GUTE IDEE
HE, KEULE! ICH HAB NOCH SECHS KARTEN FÜR DAS DEUTSCHLAND-SPIEL BEKOMMEN!
HE, OBERKEULE! GEIL! HASTE EINE KARTE FÜR MICH ÜBER, ALDER?!
HE, SCHATZ!
AN DEM TAG HAB ICH GEBURTSTAG! SCHATZ!!
UI
BIN ICH FROH, KEIN SECHZIG-FAN ZU SEIN

DER VERZAUBERTE TORSCHÜTZENKÖNIG — 13

HA HA HU HAAA
HIHIHI
ICH LACH MICH TOOOT
NICH ZU FASSEN
BRÜLL!
HA
HA!
SUPER BUCH VON MIR!
LOS BLÄTTER UM!
ENDLICH WELTMEISTER
80 SEITEN!! DIE GANZE WM IN EINEM COMIC!! UND ICH BIN AUCH DABEI!!
KNAUR
GUIDO SCHRÖTER
ENDLICH WELTMEISTER
TASCHEN-BUCH
HOENESS@REINGELEGT.DE
JAAA, ULI...
WENN ICH WIEDER IN DEUTSCHLAND BIN, ZEIGE ICH DIR, WIE MAN SEINE MAILBOX ABHÖRT.
JAAA, UND WIE DAS MIT DEN E-MAILS GEHT, ZEIGE ICH DIR NATÜRLICH AUCH.

ICH ?
OH... ÄH ...
ICH BIN...
GRAD BEI EINEM PRAXISSEMINAR...
ICH MUSS...
SCHLUSS MACHEN.
ELFMETERSCHIESSEN.
JA!
TSCHÜSS, ULI.
ICH DICH AUCH!
47/05
SO! ELFMETER!
WIESO? DAS WAR DOCH GAR KEIN ELFMETER, PAPI !!
DAS MUSS JETZT SEIN!
©SCHRÖTER

NEUE (UND ALTE) TÖNE
WÄHREND EINER WICHTIGEN HÜTCHEN-TRAININGS-EINHEIT MACHEN SICH BUNDES- UND BUNDES-CO-TRAINER SO IHRE GEDANKEN...
WEISST DU, WAS BEI DEN BAYERN SCHIEF LÄUFT?
HEE! DU BESITZT ALLES, SO DU WISSEN BESITZT! DIR FEHLT ALLES, WENN DIR WISSEN FEHLT! (TALMUD)
BOOOAH! DAS WILL ICH GAR NICHT WISSEN!
ACH, JOGI! VIEL-WISSEREI BRINGT NOCH KEINEN VERSTAND - SAGT SCHON HERAKLIT!
ABER JÜRGEN! SCHON GOETHE SPRACH: NICHTS IM LEBEN, AUSSER GESUNDHEIT UND TUGEND, IST SCHÄTZENSWERTER ALS WISSEN!
WISSEN MACHT UNS WEDER BESSER NOCH GLÜCKLICHER! HEINRICH VON KLEIST
WISSEN HEISST DIE WELT VERSTEHEN! FRIEDRICH WIL-HELM WEBER!
DER BAUM DES WISSENS IST NICHT DER BAUM DES LEBENS! BYRON!

DER VERZAUBERTE TORSCHÜTZENKÖNIG — 14

FRUSTRIERTE
FRAU MERKEL?! WAS MACHEN SIE DENN HIER? MITTEN AUF DEM PLATZ?!
ICH SOLL HIER FEIERLICH DEN ANSTOSS MACHEN!
UND WARUM GUCKEN SIE SO FRUSTRIERT?
DABEI INTERESSIERT MICH FUSSBALL NEN DRECK!
WEIL MEIN ARBEITSPLATZ IM KANZLERAMT TOTAL GEFÄHRDET IST! DIESE SCHEISS-TYPEN VON MERZ BIS KOCH! WICHSER!
ECHT?!
JA!
WENN DAS NICHT KLAPPT MIT DER GROSSEN KOALITION, KRIEG ICH ÜBERHAUPT KEINEN JOB MEHR! HARTZ 4! UND ICH GUCK DEN GANZEN TAG FERN!
OH!
ALS OSTDEUTSCHE WIRST DU SOWIESO IMMER BENACHTEILIGT! EIN VOLK!?! PAH!
GUTES ERHOFFTE ICH – UND BÖSES KAM; ICH HARRTE DES LICHTS – UND ES KAM FINSTERNIS!
JAUL!

UND, HERR BALLACK? HABEN **SIE** IRGEND-WELCHE PROBLEME?
OOOCH, ES ZWICKT'N BÜSSCHEN IN DER WADE...
BESTIMMT AUCH SO'N FRUSTRIERTER AUS DEM OSTEN, DER GYSI GEWÄHLT HAT...
36/05
©SCHRÖTER

DER VERZAUBERTE TORSCHÜTZENKÖNIG 15
EIN TORSCHÜTZENKÖNIG!
LEIDER TOT...
MIST!
MIT DEM WÄREN WIR WELTMEISTER GE-WORDEN...
KURANYI TRIFFT DOCH SONST AUCH NIX.
©SCHRÖTER

PARALLELEN
UND JETZT AM BALL: DIE NUMMER DREI, EHEMALIGER JUNIOREN-NATIONALSPIELER...
WAR ICH AUCH MAL...
Bier fü Mittwoch kaufen!!
Mi: CL!!
LEER
DU WARST JUNIOREN-NATIONAL-SPIELER ??!?

DER VERZAUBERTE TORSCHÜTZENKÖNIG – 16

EIGENTOR
„ICH, OLLI KAHN, HABE MICH VERÄNDERT..."
„MIST!"
„EIGENTOR!"
SAUS!
WATSCH!
„WENN ZUM BEISPIEL EIN JUNGER SPIELER MAL EINEN FEHLER MACHT, BIN ICH GANZ FÜR IHN DA! UND HABE EIN OFFENES OHR FÜR IHN..."
DU, OLLI, DAS TUT MIR TOTAL LEID MIT DEM EIGENTOR...
HMHM. JAJA.
MIR IST DAS MAL IN DER B-JUGEND PASSIERT UND DANACH KONNTE ICH
HMHM. JAJA.
WOCHENLANG NICHT EINSCHLAFEN... WAS SOLL ICH NUR TUN?
HMHM. JAJA.

„...UND STEHE IHM MIT RAT UND TAT ZUR SEITE!"
ICH HAB FÜR SOLCHE SITUATIONEN EINEN WEISEN RAT FÜR DICH. DEN SOLLTEST DU BEFOLGEN. WILLST DU IHN HÖREN?
AU JA!
12/05
MACH DAS NIE WIEDER, DU ARSCH!!!
©SCHRÖTER

DER VERZAUBERTE TORSCHÜTZENKÖNIG – 17
BIST DU AUCH EIN VERZAUBERTER TORSCHÜTZENKÖNIG?
NEE! VIEL BESSER! TAUSENDMAL BESSER! ICH BIN EIN VERZAUBERTER WELTKLASSE-TORWART!
OH, GOTT! BLOSS NICHT NOCH EINEN WELTKLASSE-TORWART!
©SCHRÖTER

SCHWEIN-STEIGER GEHT STEIL!!
JAJA, DER SCHWEINI! DER GEHT JA GANZ GERNE MAL STEIL!
JAJA, GENAU! HÄHÄHÄ, KNICKKNACK!
HAR
HAR
HAR
HAR
HAR
IS EH ABSEITS, IHR PENNER!
NEUE ABSEITSREGEL
89. MINUTE
0:1
SEEEEEHR STEILER STEILPASS!
UI!
EIN METER IN GEGNERS HÄLFTE!
OHA! DEN KRIEG ICH NICHT!
KEUCH
DOCH! DU SCHAFFST DAS!
LOS!

LOOOOOS! LAUUUUUF!
DEN KRIEGST DUUU!
HECH
JA
HECH
HECH
SCHWE
SCHNEEEEELL! IN DER MITTE LÄUFT EINER MIT!!
ÄCHZ
OHA
KEUCH
HECH
HECH
JAAAAH
GLEICH HAST DU DEN BALL!
HECH
HECH
HECH
30/05
AAAABSEITS!!!
CHEF! ABSEITS! JA, DER DA ABSEITS!
HIIIIER!
HAHA HAHAAA ABSEITS! WIE DER GUCKT!
HA! DIE NEUE REGEL MACHT TOTAL SPASS!!
ABSEITS?
WAS?
KEUCH
©SCHRÖTER

16 MILLIONEN
SUPER AUSLOSUNG, WAS THEO?! DA WERDEN WIR JA WOHL WELTMEISTER!!
ABER...
AUSLOSU
PAPPERLAPAPP! DER WEG ZUM TITEL IST SCHON VORGEZEICHNET! ICH SEH IHN SCHON GENAU VOR MIR! ICH WEISS AUCH SCHON, WAS ICH MIT DEN 16 MILLIONEN MACHE...
ABER, GERHARD! DAS SIND DOCH KEINE FLASCHEN, GEGEN DIE WIR SPIELEN!
ABER DER JÜRGEN HAT GESAGT...
WIR DÜRFEN NUR AUF UNS SELBST GUCKEN! UND GENAU DAMIT FANG ICH SCHON MAL AN!
ALS ERSTES KRIEGT MEINE GELIEBTE GATTIN IHREN HEISS-ERSEHNTEN STARK-STROM-FÖHN!
16 MILLIONEN EURO! GANZ FÜR MICH ALLEIN!!!

GERHARD! DU KRIEGST KEINE 16 MILLIONEN EURO! DAS IST DOCH DIE PRÄMIE FÜR DEN WM-TITEL!
DAS IST DFB-GELD!
54/05
DU KRIEGST ACHT!
SCHLIESSLICH BIN ICH AUCH PRÄSIDENT!
MIST!
©SCHRÖTER

MV
UND HARTZ 4
MEIN LEBEN ALS EX-DFB-PRÄSIDENT HATTE ICH MIR ABER GANZ ANDERS VORGESTELLT!
UPS
ICH HAB JA NOCH GAR NICHT ANGEPFIFFEN!
06/05
AGENTUR FÜR ARBEIT
WOLLEN SIE AUCH AUF PROFI-SCHIEDSRICHTER UMSCHULEN, HERR MAYER-VORFELDER?
MIST, NÄH?!
NEEEE, ICH MACH EINE UMSCHULUNG ZUM PAPST!
©SCHRÖTER

VERTRAGSPOKER
OKAY, MICHAEL! DU KRIEGST 36 MILLIONEN UND:
DU WIRST HIER JEDEN TAG IN WATTE GEPACKT! BESONDERS WEICHE! UND DU WIRST AUF HÄNDEN GETRAGEN!
AUSSERDEM BEKOMMST DU, WANN IMMER DU ES WILLST, PUDERZUCKER IN DEN HINTERN GEBLASEN...
UND OBENDRAUF BEKOMMST DU NOCH DAS VON DIR GEWÜNSCHTE BLAUE VOM HIMMEL...
GARANTIERT...

FORTSETZUNG FOLGT...

SCHON SHAKESPEARE SCHRIEB: „WO GELD VORAN GEHT, SIND ALLE WEGE OFFEN."
IST RONALDINHO ALSO SO GUT, WEIL ER SO VIEL GELD BEKOMMT? ODER KRIEGT ER, WEIL ER SO GUT IST, SO VIEL GELD?
RONALDINHO GEGEN DIE LATTE...
WEISS AUCH NICHT!
VIER MAL GEGEN DIE LATTE!! GEIL!

GELDSORGEN
WIE NUR?!
SPORT
WIE MACHT DER JUNGE DAS JETZT BLOSS MIT DEM GELD?!
ICH RUF IHN MAL AN...

MEIN SOHN, RONALDINHITO... WIR MACHEN UNS SOLCHE SORGEN! WIE MACHST DU DAS DENN JETZT BLOSS MIT DEM GELD?!?
ACH, MAMMAAAH...
ICH KOMM SCHON KLAR...
10
RONALDINHO
RONALDI
ICH KAUF MIR NOCH'N VIERTEN FERRARI, IM GANZEN HAUS GIBT'S DANN JEWEILS ZWEI GOLDENE WASSERHÄHNE UND IN JEDEM ZIMMER 2×5-METER-FERNSEHER! ICH KAUF MIR NEN HELIKOPTER UND MACH URLAUB AUF DEM MOOOND!
DU BIST EIN SCHATZ, MEIN RONALDINHO!
60 MILLIONEN? PAH!!
39/05
GUTER JUNGE...
WEISST DU EIGENTLICH, WER DIESER BALLACK IST?
©SCHRÖTER

DENKER
RENÉ DESCARTES SAGTE: ICH DENKE, ALSO BIN ICH.
FILOSOFIE HEUTE
POLDI
DU MEINST, LOTHAR MATTHÄUS GIBT'S IN WIRKLICHKEIT GAR NICHT ?!?
DAS BERUHIGT MICH ABER...
FANTASIE HEUTE
POLDI
©SCHRÖTER

Fußballbücher, die Spaß machen!

Matzerath, Steinhoff
fußball für sie
ISBN 3-8303-3121-5

Guido Schröter
Weltklasse
ISBN 3-8303-3092-8

Ingo Stein
Abseits ist …
ISBN 3-8303-3090-1

Diverse
Alle lieben Fußball
ISBN 3-89082-767-5

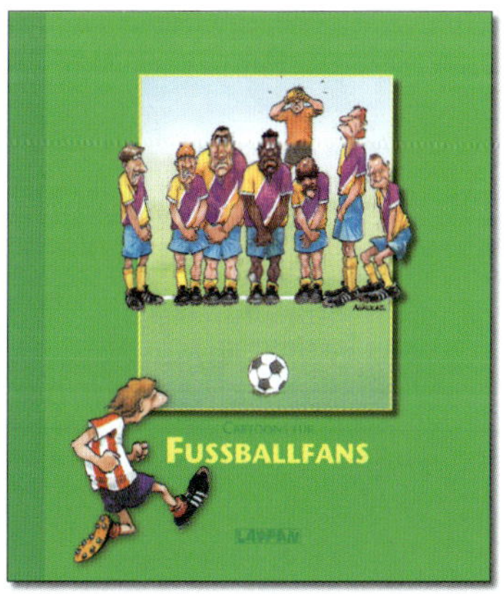

Diverse
Cartoons für Fußballfans
ISBN 3-8303-4141-5

Wilfried Gebhard
Viel Spaß beim Fußball
ISBN 3-8303-4093-1

LAPPAN

Wir informieren Sie gern über das komplette Programm von Lappan.
Lappan Verlag GmbH · Postfach 3407 · 26024 Oldenburg · www.lappan.de · info@lappan.de